essentials

Essentials liefern aktuelles Wissen in konzentrierter Form. Die Essenz dessen, worauf es als „State-of-the-Art" in der gegenwärtigen Fachdiskussion oder in der Praxis ankommt. Essentials informieren schnell, unkompliziert und verständlich

- als Einführung in ein aktuelles Thema aus Ihrem Fachgebiet
- als Einstieg in ein für Sie noch unbekanntes Themenfeld
- als Einblick, um zum Thema mitreden zu können.

Die Bücher in elektronischer und gedruckter Form bringen das Expertenwissen von Springer-Fachautoren kompakt zur Darstellung. Sie sind besonders für die Nutzung als eBook auf Tablet-PCs, eBook-Readern und Smartphones geeignet.

Essentials: Wissensbausteine aus Wirtschaft und Gesellschaft, Medizin, Psychologie und Gesundheitsberufen, Technik und Naturwissenschaften. Von renommierten Autoren der Verlagsmarken Springer Gabler, Springer VS, Springer Medizin, Springer Spektrum, Springer Vieweg und Springer Psychologie.

Frank Beham

Corporate Shitstorm Management

Konfrontationen im Social Web
professionell managen

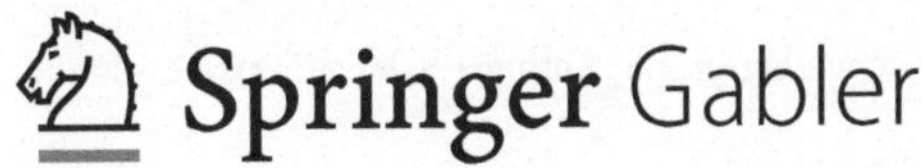

Dr. Frank Beham
Asperg
Deutschland

ISSN 2197-6708   ISSN 2197-6716 (electronic)
essentials
ISBN 978-3-658-10494-8   ISBN 978-3-658-10495-5 (eBook)
DOI 10.1007/978-3-658-10495-5

Die Deutsche Nationalbibliothek verzeichnet diese Publikation in der Deutschen Nationalbibliografie; detaillierte bibliografische Daten sind im Internet über http://dnb.d-nb.de abrufbar.

Springer Gabler

Gedruckt auf säurefreiem und chlorfrei gebleichtem Papier

Springer Fachmedien Wiesbaden ist Teil der Fachverlagsgruppe Springer Science+Business Media
(www.springer.com)

Was Sie in diesem Essential finden können

- Ursprung von Shitstorms und Relevanz aus der Perspektive von Unternehmen
- Beschreibung der sechs Schritte des Corporate Shitstorm Managements
- Maßnahmen zur Vorbereitung auf einen Shitstorm
- Handlungsempfehlungen zur Auswahl einer adäquaten Reaktionsstrategie
- Antizipation von Konsequenzen im Shitstorm

Vorwort

Das vorliegende Essential fasst die Ergebnisse der empirischen Untersuchung zusammen, die von Februar 2013 bis Juni 2014 am Institut für Handel & Internationales Marketing (H.I.MA.) der Universität des Saarlandes im Rahmen der Dissertation von Dr. Frank Beham verfasst wurde. Der Auszug fokussiert auf Handlungsempfehlungen für die Unternehmenspraxis und erläutert die Anforderungen an den Aufbau eines Corporate Shitstorm Managements.

Das Corporate Shitstorm Management umfasst sechs Schritte, die konkrete Maßnahmen zum Management sowie zur Vorbereitung und Erfolgskontrolle einer Unternehmensreaktion im Shitstorm definieren. Die Adressaten sind folglich primär Manager, welche die Social-Media-Aktivitäten verantworten, insbesondere Vertreter aus den Bereichen externe Unternehmenskommunikation, Social bzw. Digital Media und Corporate Responsibility.

Inhaltsverzeichnis

Ursprung und Relevanz von Shitstorms

1

Durch die Kommunikationsmedien im Internet hat sich das Kommunikationsverhalten zwischen Unternehmen und deren Stakeholdern massiv verändert. Die externe Unternehmenskommunikation ist durch die Präsenz auf Social-Media-Kanälen – wie Facebook und Twitter – verstärkt dem Risiko ausgesetzt, dass Unternehmensentscheidungen und -handlungen in der Online-Community kritisch diskutiert werden. Das Risiko entsteht dadurch, dass insbesondere negative Botschaften eine erhöhte Aufmerksamkeit erzeugen und sich innerhalb der – meist sehr großen – Online-Netzwerke schnell verbreiten können. Zudem besteht im Social Web vielfach die Überzeugung, dass individuelle Aussagen in der Masse an Beiträgen untergehen, was die Schwelle persönlicher Zurückhaltung senkt und sich in unsachlichen bis hin zu aggressiven Beiträgen äußert.

Dies führt in Extremfällen dazu, dass Kritik an Unternehmen massenhaft auftritt. Ein derartiger „Sturm der Entrüstung in einem Kommunikationsmedium des Internets, der zum Teil mit beleidigenden Äußerungen einhergeht" (Duden 2015) hat sich im deutschen Sprachgebrauch – insbesondere durch die Aufnahme in den Duden – unter dem Begriff „Shitstorm" etabliert. Entgegen dieser geläufigen, aber allgemein gehaltenen Definition ist es aus der Perspektive von Unternehmen von Bedeutung, den „Sturm der Entrüstung" quantitativ zu bemessen, um eine Unterscheidung zwischen Beschwerdemanagement und Shitstorm zu ermöglichen. Diese Trennung ist erforderlich, da sich die Beschwerdeintensität in beiden Fällen stark unterscheidet. Je größer die daraus resultierende Aufmerksamkeit ausfällt, desto größer ist die Gefährdungsexposition und desto dringender ist ein professionelles Eingreifen notwendig. Daher empfiehlt sich aus Unternehmensperspektive, im Rahmen von Shitstorms auf nachfolgendes Begriffsverständnis abzustellen:

© Springer Fachmedien Wiesbaden 2015
F. Beham, *Corporate Shitstorm Management*, essentials,
DOI 10.1007/978-3-658-10495-5_1

> Ein Shitstorm bezeichnet die öffentliche Kommunikation über einen unternehmens-internen Missstand – vorrangig im Social Web –, die durch ein überdurchschnittlich großes Beitragsvolumen mit überwiegend kritischem und teils unsachlichem Ton innerhalb kurzer Zeit charakterisiert ist. Diese bezweckt die Durchsetzung von Stakeholder-Interessen und kann potenziell eine krisenhafte Wirkung haben.

Die Definition stellt als auslösende User auf Stakeholder – also sämtliche Anspruchsgruppen wie Kunden, Konsumenten oder NGOs – ab (Freeman 1984). Gehen Unternehmen nicht – oder nicht erwartungsgemäß – auf die Ansprüche von Stakeholdern ein, werden diese eine Verhaltensänderung zur Durchsetzung individueller Ziele anstreben (King und Soule 2007; Sarkis et al. 2010), indem sie gemeinsam auf einen Missstand hinweisen. Ein Missstand ergibt sich daraus, dass die Erwartungshaltung von Stakeholdern durch die Handlung oder Kommunikation eines Unternehmens enttäuscht wird. Gerade der Zusammenschluss um einen Missstand ist gefährlich, da sich die Durchsetzungskraft der einzelnen Stakeholder durch eine Zunahme der Wahrnehmbarkeit und eine Vergrößerung der Reichweite im Kollektiv potenziert.

Zusammenschlüsse zur gemeinsamen Interessendurchsetzung sind im Grundsatz nicht neu. Allerdings konnten traditionelle Protestformen, wie Aufrufe zur Beteiligung an einer Petition oder an Protestaktionen, selten eine vergleichbar breite Unterstützung mobilisieren. Diese entsteht im Internet dadurch, dass die Möglichkeit, zu kritisieren, von direkter, physischer Interaktion entkoppelt ist. Das bedeutet, dass sich prinzipiell jeder User derartiger Communities bequem von zu Hause aus an der Konfrontation beteiligen kann, ohne das Sofa verlassen zu müssen. Zudem unterscheiden sich die heutigen, provozierenden Äußerungen auf Social-Media-Kanälen von medialen Protestformen (z. B. Leserbriefe in Printmedien) dadurch, dass Beiträge ohne zeitliche Verzögerung und tausendfach kommentiert werden können.

Der plakative Begriff Shitstorm wird von Journalisten regelmäßig aufgegriffen, um eine Schlagzeile zu produzieren und dadurch weitere Aufmerksamkeit zu erzielen. Auch wenn der Begriff mittlerweile inflationär verwendet wird, nimmt die überregionale, also deutlich sichtbare Berichterstattung unter dem Begriff Shitstorm insgesamt zu (siehe Abb. 1.1), was die Gefährdungsexposition von Unternehmen weiter erhöht. Insofern stehen Unternehmen vor der Herausforderung, geeignete Strategien zu definieren, um auf Konfrontationen im Social Web reagieren zu können.

In der betriebswirtschaftlichen Forschung liegen bislang keine fundierten Erkenntnisse vor, wie ein Corporate Shitstorm Management auszugestalten ist. Daneben sind praxisorientierte Beiträge ungeeignet[1], da deren Darstellungen zumeist

---

[1] Vgl. zur Untauglichkeit pauschaler Ratschläge die Ausführungen von Beham (2014).

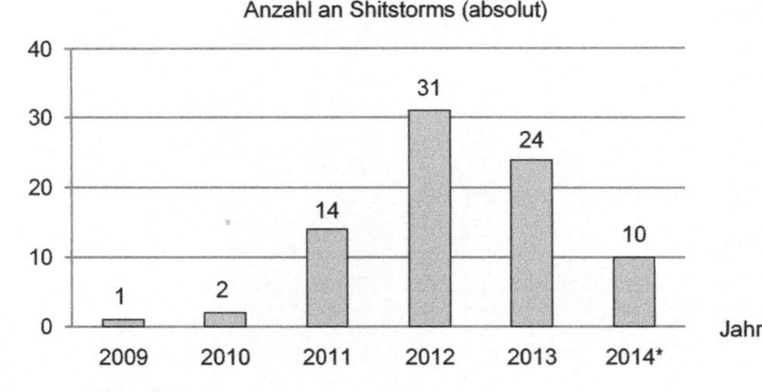

Für die Analyse wurden die meistzitierten Printmedien in Deutschland und deren Online-Versionen im Zeitraum Januar 2009 bis März 2014 nach Vorfällen untersucht, über die unter dem Begriff „Shitstorm" berichtet wurde. Dazu zählen Der Spiegel, Bild, Bild am Sonntag, Süddeutsche Zeitung, Die Welt, Welt am Sonntag, Focus, Handelsblatt, Die Zeit, Wirtschaftswoche, Stern und Frankfurter Rundschau.

Abb. 1.1 Entwicklung der überregionalen Berichterstattung über Shitstorms 2009–2014

nicht über deskriptive Fallstudien hinausgehen und die situativen Rahmenbedingungen eines Shitstorms bei der Reaktionswahl ungenügend oder gar nicht berücksichtigt werden. Ohne tiefer gehende Analyse weisen diese keinen belastbaren Erkenntnisgewinn auf. Ziel der nachfolgenden Ausführungen ist es, die Zusammenhänge im Shitstorm Management und generalisierbare Implikationen auf empirischer Basis aufzuzeigen. Adressaten sind folglich primär Manager, welche die Social-Media-Aktivitäten verantworten, insbesondere Vertreter aus den Bereichen externe Unternehmenskommunikation, Social bzw. Digital Media und Corporate Responsibility.

Aufbau des Corporate Shitstorm Managements   2

In Anbetracht der dargelegten Bedrohung durch Shitstorms (vgl. Kap. 1) stehen Unternehmen vor der Herausforderung, sich mit grundlegenden Fragen des Monitorings und des Managements sowie mit der Erfolgskontrolle einer Unternehmensreaktion zu befassen. Das Corporate Shitstorm Management liefert in sechs chronologischen Schritten (siehe Abb. 2.1) vorbereitende Maßnahmen (Schritt 1) sowie Handlungsschritte im Falle einer Konfrontation mit einem Shitstorm (Schritt 2 bis Schritt 6).

Im ersten Schritt – der Optimierung des Set-up – geht es um die Implementierung von personellen, strukturellen und prozessualen Maßnahmen im Unternehmen, durch die das Bedrohungspotenzial eines Shitstorms schnellstmöglich erkannt werden kann und eine möglichst zeitnahe Reaktion ermöglicht wird (vgl. Kap. 3). Bei Eintreten eines Shitstorms bzw. wenn die Warnsignale ein Bedrohungspotenzial aufzeigen, sind die weiteren Schritte zu durchlaufen. Für die Durchführung der Situationsanalyse im zweiten Schritt werden in Kap. 4 Faktoren aufgezeigt, mit denen die Situation erfasst werden kann. Da die Bemessung der Faktoren in der Praxis häufig Probleme bereitet, werden geeignete Messkriterien vorgegeben. Im fünften Kapitel wird der dritte Schritt – Wahl der Unternehmensreaktion – aufgegriffen und der Zusammenhang zwischen Situationsanalyse und Auswahl der Unternehmensreaktion erläutert. Der Einfluss externer Einflussfaktoren auf die Reaktionswahl wird im vierten Schritt (vgl. Kap. 6) erläutert, bevor im nachfolgenden Schritt Hinweise zur Umsetzung der Unternehmensreaktion gegeben werden können (vgl. Kap. 7). Der letzte Schritt in Kap. 8 bezieht sich auf die Messung der Konsequenzen und erläutert personelle und prozessuale Maßnahmen für die Phase nach erfolgter Reaktion.

© Springer Fachmedien Wiesbaden 2015
F. Beham, *Corporate Shitstorm Management,* essentials,
DOI 10.1007/978-3-658-10495-5_2

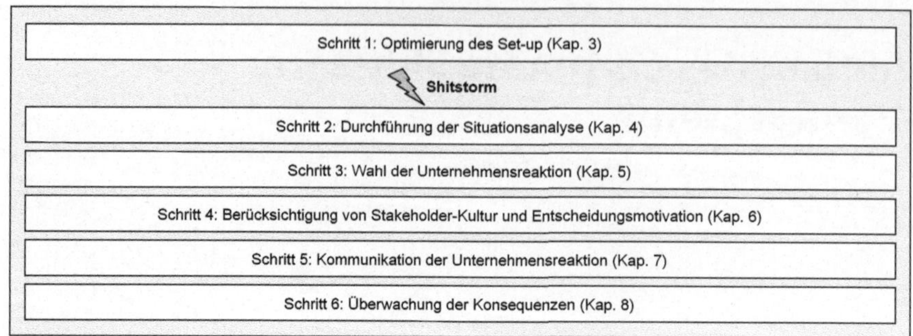

Abb. 2.1 Sechs Schritte des Corporate Shitstorm Managements

Schritt 1: Optimierung des Set-up 3

Der Auslöser eines Shitstorms kann auf unterschiedlichen Ursachen beruhen und beispielsweise aus marketing-, produkt- oder servicespezifischen Gründen resultieren. Konkret bedeutet dies, dass über alle Funktionsbereiche hinweg Gefahren lauern, beispielsweise in einer voreiligen oder unprofessionellen Kommunikation mit Kunden, schlecht verarbeiteten Produkten oder widersprüchlichen Bedingungen eines Gewinnspiels. Da Missstände immer auf einer Enttäuschung der subjektiven Erwartungshaltung von Stakeholdern beruhen, dürfte deren gänzliche Vermeidung nahezu unmöglich sein. Kurzum: Shitstorms lassen sich per se nicht vermeiden. Daher setzt das Corporate Shitstorm Management an der frühzeitigen Erkennung einer aufkommenden Bedrohung im Social Web an. Die für das Management von Unternehmenskrisen typische Phase der Krisenprävention wird folglich nicht berücksichtigt (Jaques 2009, S. 283).

Maßnahmen der Identifikation eines aufkommenden Shitstorms zielen darauf ab, Bedrohungssignale möglichst schnell erkennen zu können und eine zügige Reaktion zu ermöglichen. Hierfür sind sowohl die Entdeckungszeit, d. h. die Zeit bis zur Entdeckung einer Konfrontation im Social Web, als auch die Handlungsschnelligkeit, d. h. die Zeitdauer bis zur Veröffentlichung einer Reaktion, entscheidend.

Im Grundsatz gilt: Je schneller ein überdurchschnittliches Aufkommen an negativen Beiträgen entdeckt wird, desto mehr Zeit kann für eine sorgfältige Analyse der Situation genutzt werden, um eine angemessene Reaktion auszuwählen. In der empirischen Prüfung hat sich gezeigt, dass die Situationsanalyse, d. h. ein Verständnis der Rahmenbedingungen, einer der wichtigsten Punkte des Corporate Shitstorm Managements ist, da nur so die Reaktion adäquat auf den Missstand ausgerichtet werden kann. Die Entdeckungszeit kann durch den Einsatz von Monitoring-Tools verkürzt werden, die per Warnmeldung über einen überdurchschnittlichen Anstieg der Kommunikation in einem Facebook-Profil alarmieren (z. B. Hyper-Alert). Dabei ist zu berücksichtigen, dass eigene Mitarbeiter oder beauftragte

© Springer Fachmedien Wiesbaden 2015
F. Beham, *Corporate Shitstorm Management*, essentials,
DOI 10.1007/978-3-658-10495-5_3

Social-Media-Agenturen, welche die Social-Media-Kanäle des Unternehmens betreiben, aufkommende Konflikte meist schneller erkennen können als die technischen Hilfsmittel, da sie alltäglich mit Stakeholdern im Austausch sind. Zudem sind sie in der Lage, die Diskussion inhaltlich zu bewerten, und somit im Krisenfall die ersten Ansprechpartner. Insofern empfiehlt es sich, die technischen Möglichkeiten eines Social-Media-Monitorings zu nutzen, die Social-Media-Kommunikateure hinsichtlich ihres Stellenwerts zu sensibilisieren und deren Sichtweise in die Situationsanalyse zu integrieren.

Da sich die Zeitdauer bis zur Veröffentlichung einer Unternehmensreaktion im Shitstorm negativ auf die Wahrnehmung der Reaktion auswirken kann, ist diese so weit wie möglich zu verkürzen. In der Praxis zeigen sich Möglichkeiten auf struktureller und prozessualer Ebene. Die „planbaren" strukturellen und prozessualen Rahmenbedingungen, die generell im Krisenmanagement vorzufinden sind, sind schriftlich zu dokumentieren. Dazu zählen Eskalationsstufen, in denen sich die Abgrenzung zwischen alltäglichen Beschwerden und einem Shitstorm manifestiert. Bei der Festlegung der Stufen ist das Beitragsvolumen im Regelbetrieb zu berücksichtigen. Das heißt, Unternehmen mit hohem durchschnittlichem Beitragsvolumen werden eine vergleichsweise höhere Grenze anlegen, bis ein Shitstorm vorliegt. Dabei ist zu beachten, dass in die Betrachtung der Beiträge nur diejenigen einfließen, die überwiegend kritisch und teils unsachlich sind und durch die Stakeholder eine zweckgebundene Durchsetzung einer Forderung anstreben. Diese Definition ist beim Monitoring zu berücksichtigen und an die Social-Media-Mitarbeiter weiterzugeben. In Abhängigkeit der Eskalationsstufe sind Verantwortlichkeiten und Informationspflichten zu definieren.

Die Festlegung von Verantwortlichkeiten und Informationspflichten erfüllt mehrere Zwecke. Social-Media-Mitarbeiter kennen somit Ansprechpartner und wissen, wer in Abhängigkeit der Eskalationsstufe zu informieren ist. Diese Regelung ist erforderlich, da das Monitoring von externen Agenturen oder internen Social-Media-Mitarbeitern ausgeht, die Deeskalation von Shitstorms – aufgrund der Gefährdung unternehmerischer Zielvariablen – jedoch durch die Führungsebene erfolgen oder zumindest mit dieser abgestimmt sein muss. Somit erfahren Entscheidungsträger, ob eine Bedrohung vorliegt, und können – je nach Bedarf – die Situation intensiver beobachten.

Zusätzlich sind Verantwortlichkeiten festzulegen, d. h., wer eine Reaktion freigeben darf und wessen Zustimmung gegebenenfalls notwendig ist. Somit können erarbeitete Gegenmaßnahmen ohne Verzug umgesetzt werden. Eine wesentliche Voraussetzung für die Erreichbarkeit ist die Festlegung einer Rufbereitschaft, da eine Beurteilung der Situation und ggf. Abstimmung einer Reaktion auch am Wochenende möglich sein muss, um eine Eskalation durch Zeitverzögerung zu verhindern. Hierbei können Stellvertreterregeln bzw. hierarchisch gestaffelte Telefonlisten nützlich sein. Allerdings ist zu beachten, dass bei Shitstorms – entgegen der gängigen Praxis im Beschwerdemanagement bzw. bei der Pressearbeit – im Rahmen der Vorbereitung keine Textbausteine vordefiniert werden können. Vielmehr ist die Tonalität der Kommunikation auf das Social Web anzupassen und die vorliegende Situation zu adressieren. Darüber hinaus ist zu klären, welche Personen oder Abteilungen (z. B. Corporate Communications) einzubeziehen sind, sofern eine Abstimmung des Wordings vor Veröffentlichung notwendig ist.

Eine weitere Maßnahme zur Erhöhung der Handlungsschnelligkeit ist die Durchführung eines Stakeholder-Mappings (vgl. Morschett et al. 2010, S. 223). Dieses gibt ex ante Aufschluss über die Relevanz einzelner Stakeholder-Gruppen und deren Ansprüche sowie über deren potenzielle Kritikpunkte und Druckmittel. Hieraus ergeben sich Vorteile bei der Identifikation kritischer User im Social Web und bei der Situationsbeurteilung, da bspw. eingeschätzt werden kann, welchen Stellenwert die Forderung der Stakeholder innehat und welches Eskalationspotenzial besteht.

Schritt 2: Durchführung der Situationsanalyse

4

Bei der Analyse abgeschlossener Shitstorms zeigt sich eine massive Abhängigkeit der Wirkung einer Unternehmensreaktion vom situativen Kontext, da eine gleichartige Reaktion in zwei unterschiedlichen Fällen zu fundamental anderen Konsequenzen führen kann. Um generalisierbare Aussagen für das Management erzeugen zu können, ist daher eine Erfassung der Rahmenbedingungen erforderlich. Demzufolge besteht das Corporate Shitstorm Management – wie in Abb. 4.1 dargestellt – aus drei Elementen: aus Antezedenzien, welche die Rahmenbedingungen beschreiben, einer Unternehmensreaktion und Konsequenzen der Reaktion.

Dieser Aufbau setzt zunächst die Reaktion eines Unternehmens in Abhängigkeit zur vorliegenden Situation. Konsequenzen, die auf eine Reaktion folgen, resultieren aus dem Zusammenwirken der Reaktion im gegebenen Kontext. Die Wirkungskette spiegelt die Definition und letztlich die Zielsetzung des Corporate Shitstorm Managements wider:

> Das Corporate Shitstorm Management umfasst Maßnahmen zur frühzeitigen Erkennung von Shitstorms sowie Reaktionsstrategien auf bereits eingetretene Shitstorms, um negative monetäre und vor-monetäre Konsequenzen für das Unternehmen zu minimieren bzw. positive Effekte für dieses zu schaffen.

Dabei besteht hinsichtlich der Konsequenzen ein sehr weites Verständnis, das sowohl vor-monetäre als auch monetäre Zielvariablen umfasst, um möglichst umfassend Schaden vom Unternehmen abzuwenden. Darüber hinaus sind externe Einflussfaktoren berücksichtigt, die sich auf die Wirkungsbeziehungen in der Kette auswirken.

Wie einführend beschrieben, liegt eine der wesentlichen Erkenntnisse des Corporate Shitstorm Managements darin, die Situation genau analysieren zu müssen, um eine adäquate Reaktion auswählen zu können. Zur Erfassung der Situation

© Springer Fachmedien Wiesbaden 2015

F. Beham, *Corporate Shitstorm Management,* essentials,

DOI 10.1007/978-3-658-10495-5_4

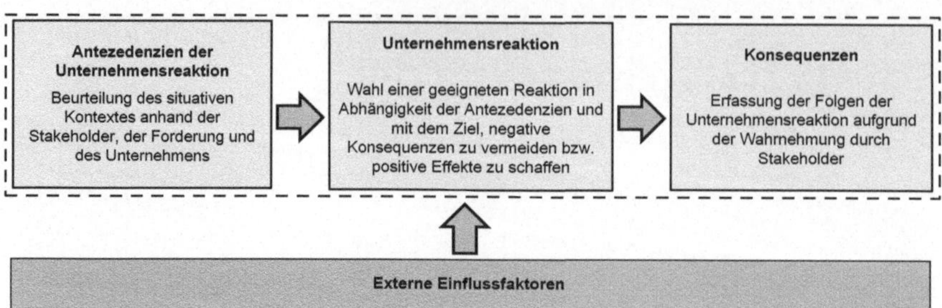

Abb. 4.1 Grundaufbau des Corporate Shitstorm Managements

bestehen 13 Antezedenzien (vgl. Abb. 4.2), die den relevanten Kontext in der Gesamtheit widerspiegeln. Bei der Beurteilung dieser Antezedenzien spielt die Perspektive, aus der die Bewertung stattfindet, eine maßgebliche Rolle. Während nur ein kleiner Teil der Dimensionen aus Unternehmensperspektive zu beurteilen ist (Stakeholder Power, Dialogbereitschaft, Autonomiebedrohung), ist der überwiegende Teil aus Perspektive der Stakeholder zu beurteilen (Request Urgency, Request Legitimacy, Verantwortlichkeit, Absichtlichkeit, Stabilität, Fit, Unzufriedenheit, Schadensausmaß, Schaden/Kosten-Relation, Kulturwiderspruch). Dies ergibt sich daraus, dass die Unzufriedenheit von Stakeholdern in einem Shitstorm – wie bereits dargestellt – aus einer verfehlten Erwartungshaltung resultiert, sodass der Fokus bei der Wiederherstellung der Erwartungen auf die Perspektive der Stakeholder ausgerichtet sein muss. Insofern ist bei der Betrachtung der Antezedenzien stets die zugewiesene Perspektive einzunehmen.

Die Bewertung der Antezedenzien findet anhand von Messkriterien statt, deren Eignung zur Beurteilung der Ausprägungsstärke nachgewiesen werden konnte. Abbildung 4.2 enthält die Definition der Antezedenzien und ordnet relevante Kriterien zu, um die Ausprägungsstärke zu messen.

In der Spalte der Messkriterien ist die mögliche Ausprägungsstärke jeweils in eckigen Klammern angegeben. Diese zeigt auf, wann bzw. wie stark ein Faktor ausgeprägt ist. Dabei ist zu unterscheiden, dass es klare Ja-Nein-Entscheidungen gibt [Faktor nicht ausgeprägt/Faktor ausgeprägt] oder die Einordnung der Ausprägungsstärke anhand einer Skala erfolgt [Faktor gering ausgeprägt – Faktor stark ausgeprägt].

Antezedens	Definition	Kriterien zur Messung [Ausprägung]
Stakeholder Power	Macht der Stakeholder, den eigenen Willen gegen die Interessen eines Unternehmens durchzusetzen; diese manifestiert sich in diversen Druckmitteln	– Übergeordnete Druckmittel – Anzahl beteiligter Stakeholder [wenige µ viele] – Beteiligung von Meinungsführern [nein/ja] – Glaubwürdigkeit der Stakeholder [gering µ hoch] – Beteiligung unterschiedlicher Stakeholder-Gruppen [nein/ja] – Konsumtiver Druck (z.B. Androhung von Kündigungen) [vereinzelt µ häufig] – Medialer Druck – Intensität der Berichterstattung [gering µ hoch] – Medienreichweite [gering µ hoch] – Einsatz unterschiedlicher Kanäle [nein/ja] – Negative Berichterstattung durch Leitmedien [nein/ja] – Institutioneller Druck (z.B. Aktivitäten von NGOs) [nein/ja] – Politischer Druck (z.B. Politik in Opposition zu Unternehmen) [nein/ja] – Juristischer Druck (z.B. richterliches Urteil) [nein/ja]
Request Urgency	Dringlichkeit einer Forderung i.S.d. inhaltlichen und zeitlichen Relevanz aus Sicht relevanter Stakeholder	– Motivation der Stakeholder [begrenzt µ hoch] – Vorliegen einer expliziten Forderung [nein/ja] – Bedeutung der Forderung (z.B. inhaltliche Relevanz) [gering µ hoch] – Widersprüchlichkeit der Forderung [ja/nein] – Geschwindigkeit der Eskalation [gering µ hoch] – Diskussionsintensität [gering µ hoch] – Anzahl an Beschwerden, z.B. Hotline-Anrufe [keine µ viele] – Intensität der Auseinandersetzung im Unternehmen (z.B. Notwendigkeit von Krisensitzungen, Alarmbereitschaft rund um die Uhr) [gering µ hoch] – Antizipation negativer Folgen durch Unternehmen [nein/ja] – Informationspflicht gegenüber höheren Instanzen [nein/ja]
Request Legitimacy	Übereinstimmung der Forderung der Stakeholder in einem Shitstorm mit gesellschaftlichen Erwartungen, Normen und Werten	– Akzeptanz der Forderung [subjektiv/allgemein] – Missstand entspricht gesellschaftlicher Erwartung/Norm [nein/ja] – Allgemeine Nachvollziehbarkeit des Shitstorm-Anlasses [fehlend/gegeben] – Fürsprecher für das Unternehmen [ja/nein]
Verantwortlichkeit	Verursachung des Missstands durch ein Unternehmen; Möglichkeit der Behebung durch das Unternehmen	– Missstand beruht auf einer bewussten/strategischen Entscheidung des Unternehmens [nein/ja] – Möglichkeit der Behebung [nein/ja]
Absichtlichkeit	Intendierte Herbeiführung bzw. Akzeptanz des Missstands	– Intendierte Herbeiführung des Missstands [nein/ja]
Stabilität	Fortbestehen der Ursache eines Shitstorms über diesen hinaus	– Fortbestehen der Ursache [irrelevant/relevant]
Dialogbereitschaft	Offenheit der Stakeholder, mit einem Unternehmen oder der Netzgemeinde in einen Dialog über einen Missstand zu treten	– Offenheit gegenüber einem Dialog mit Unternehmen [nein/ja] – Offenheit gegenüber einem Dialog mit Netzgemeinde [nein/ja] – Klärungswille [nein/ja]
Fit	Stimmigkeit zwischen Missstand und Unternehmen (der Missstand bezieht sich auf das Kerngeschäft des Unternehmens) bzw. zwischen Anlass und Forderung	– Missstand-Unternehmens-Fit [nein/ja] – Anlass-Forderungs-Fit [nein/ja]
Unzufriedenheit	Enttäuschung der Erwartungshaltung von Stakeholdern, die auf einem psychologischen oder finanziellen Schaden beruht	– Finanzieller bzw. materieller Schaden [nein/ja] – Entgangener Vorteil [nein/ja] – Emotionale Enttäuschung [nein/ja]
Schadensausmaß	Höhe des Gesamtschadens durch den Missstand in einem Shitstorm	– Grad der Leistungserbringung [eingeschränkt µ fehlend] – Grad der Enttäuschung der Erwartungshaltung [gering µ hoch]
Schaden/Kosten-Relation	Stellenwert des potenziellen bzw. tatsächlichen Schadens eines Shitstorms im Vergleich zu den Kosten einer Unternehmensreaktion	– Unternehmensziel: Vermeidung eines Schadens [nein/ja] – Unternehmensziel: Akzeptanz von Kosten [nein/ja] – Unternehmensziel: Akzeptanz eines Schadens [ja/nein] – Unternehmensziel: Vermeidung von Kosten [ja/nein]
Kulturwiderspruch	Missstand, der im Widerspruch zu etablierten Normen und Werten des Unternehmens steht	– Kultureller Widerspruch [nein/ja]
Autonomiebedrohung	Einschränkung unternehmerischer Grundsätze bzw. strategischer Entscheidungen, welche die Entscheidungsfreiheit reduziert	– Bedrohung der Autonomie [nein/ja]

Abb. 4.2 Definition und Messkriterien der Antezedenzien

Schritt 3: Wahl der Unternehmensreaktion 5

Bei der Reaktion auf einen Shitstorm können Unternehmen fünf Strategien[1] einsetzen, die inhaltlich überschneidungsfrei sind und die dennoch eine Vielfalt unterschiedlicher Reaktionsmöglichkeiten umfassen (vgl. Abb. 5.1). Die „No Response"-Strategie zeichnet sich dadurch aus, dass keine Reaktion auf die Stakeholder-Konfrontation erfolgt. Die übrigen vier Strategien grenzen sich dadurch ab, dass grundsätzlich eine Reaktion kommuniziert wird, wobei der Inhalt unterschiedlich formuliert sein kann. Bei „Denial" wird das Vorliegen eines Missstands verneint. Durch „Distance" wird ein Missstand eingeräumt, für den keine Verantwortung übernommen wird. „Apology" ist durch die Übernahme der Verantwortung für einen Missstand mit einer expliziten Entschuldigung für dessen Zustandekommen charakterisiert. Bei „Concession" wird der Verantwortung Rechnung getragen, indem der Missstand behoben wird.

Die Reaktionen sind, wie in Abb. 5.1 dargestellt, auf einem Kontinuum angeordnet, bei dem die Intensität der Berücksichtigung von Stakeholder-Interessen von links nach rechts zunimmt. Zeitgleich nimmt die Berücksichtigung von Shareholder-Interessen von links nach rechts ab. Die Definition des Corporate Shitstorm Managements ist darauf ausgerichtet, dass das grundlegende Ziel einer Unternehmensreaktion im Shitstorm in der Vermeidung negativer Konsequenzen bzw. in der Schaffung positiver Effekte besteht. Daher unterliegt dem Corporate Shitstorm Management eine auf Konsequenzen ausgerichtete Perspektive. Daraus folgt, dass sich die Wahl der Unternehmensreaktion aus den gegebenen Kontextfaktoren ergibt, die Konsequenzen jedoch bereits bei der Wahl der Reaktion antizipiert werden können.

---

[1] Die Strategien wurden über eine Synthese diverser wissenschaftlicher Untersuchungen aus den Bereichen Krisenmanagement und Crisis-Response-Strategien verdichtet und basieren somit auf einem breiten Fundament empirischer Erkenntnisse.

© Springer Fachmedien Wiesbaden 2015

F. Beham, *Corporate Shitstorm Management*, essentials,

DOI 10.1007/978-3-658-10495-5_5

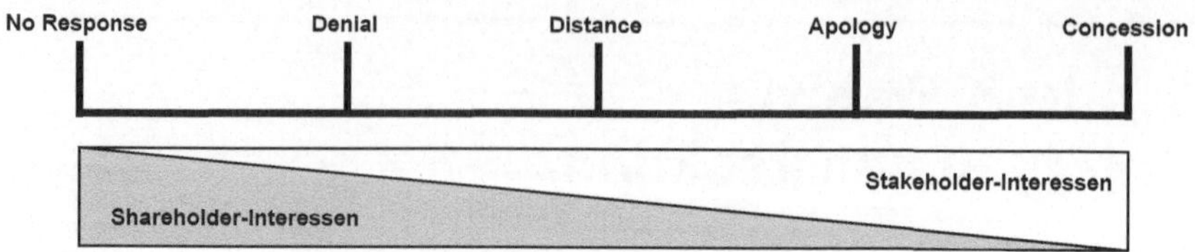

Abb. 5.1 Kontinuum potenzieller Unternehmensreaktionen

Bei den Konsequenzen können drei Gruppen unterschieden werden. Vor-monetäre Konsequenzen sind dadurch definiert, dass sie mittel- bis langfristig auch monetäre Folgen für ein Unternehmen bewirken können (Kolb 2015). Hierzu zählen u. a. das Konsumentenvertrauen oder die Anzahl an Fans im Social Web. Reputation und Legitimität lassen sich den vor-monetären Konsequenzen zuordnen, werden aber aufgrund der herausragenden Bedeutung in der Managementpraxis separat betrachtet. Insbesondere die Reputation stellt „die" Zielgröße dar, auf die das Krisenmanagement ausgerichtet ist (Coombs und Holladay 1996; Schultz et al. 2011), wobei die Legitimität in zunehmendem Maße in den Fokus von Managementaktivitäten rückt (Patriotta et al. 2011). Demgegenüber bezeichnen monetäre Konsequenzen Auswirkungen auf finanzielle Größen eines Unternehmens, beispielsweise auf die Verkaufszahlen, die direkt messbar sind. Wenngleich sich Behebungskosten finanziell messen lassen, werden diese separiert betrachtet, da sich diese diametral zu den sonstigen monetären Konsequenzen entwickeln können. Dies zeigt sich, wenn die Behebung eines Missstands Geld kostet, dadurch aber ein positiver Effekt auf andere monetäre Größen erzielt wird. Aus der bereits dargestellten Wirkungskette und den ergänzenden Ausführungen zu Unternehmensreaktionen und Konsequenzen lässt sich der in Abb. 5.2 dargestellte Detailaufbau skizzieren.

Wirkungen im Corporate Shitstorm Management Die Wahl der Unternehmensreaktion ist der bedeutendste Schritt, da die Reaktion nach außen hin wahrnehmbar ist und sich in Abhängigkeit davon die Konsequenzen entfalten. Abbildung 5.3 fasst zusammen, welche Antezedenzien (oberer Teil der Tabelle) und welche Konsequenzen (unterer Teil der Tabelle) bei jeder einzelnen Unternehmensreaktion von Relevanz sind und wie die Wirkungsrichtung ausgeprägt ist. Dabei gilt, dass Antezedenzien teilweise gar keinen Einfluss auf einzelne Reaktionsstrategien haben und einzelne Reaktionsstrategien manche Konsequenzen gar nicht beeinflussen.

Die Bedeutung der Vorzeichen in der Tabelle lässt sich durch zwei Beispiele veranschaulichen. Bei der No-Response-Reaktion kennzeichnet ein negatives Vorzeichen bei einem Antezedens (−), dass bei Vorliegen des Antezedens die Unter-

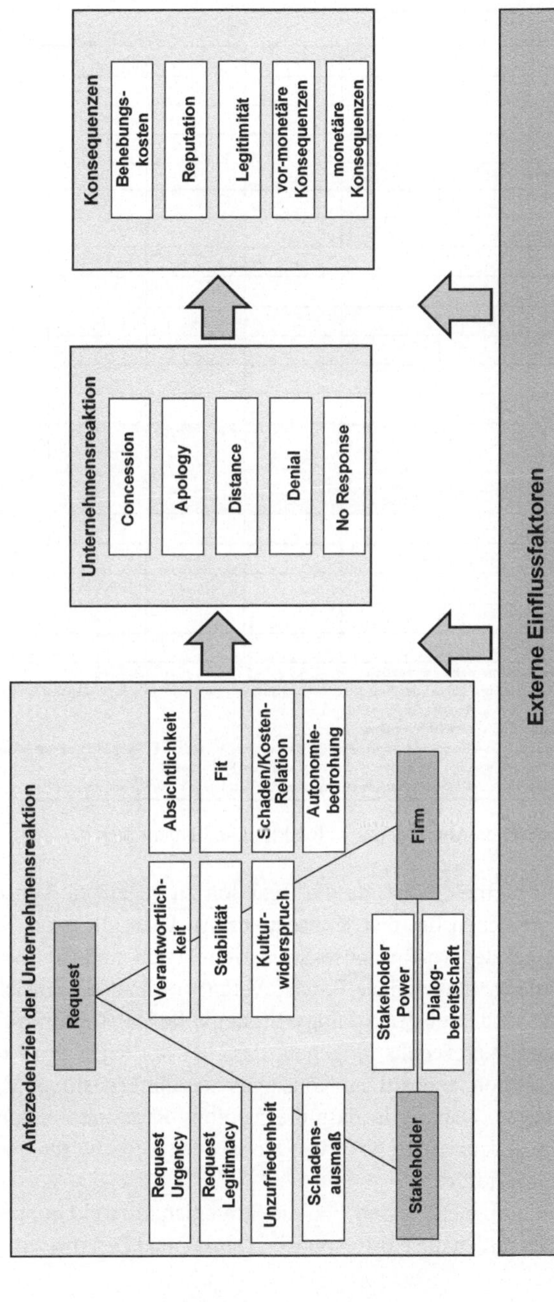

Abb. 5.2 Detailaufbau des Corporate Shitstorm Managements

		No Response	Denial	Distance	Apology	Concession	Rang
Antezedenzien	Request Urgency	−	−	−	+	+	A1
	Request Legitimacy	−	−	−	+	+	
	Stakeholder Power	−	−	−	+	+	
	Verantwortlichkeit	−	−	−	+	+	
	Absichtlichkeit	−	−	−	+		
	Fit	−	−				A2
	Dialogbereitschaft		−				
	Stabilität			−		+	
	Unzufriedenheit				+	+	A3
	Schadensausmaß				+	+	
	Schaden/Kosten-Relation				−	+	
	Autonomiebedrohung				+		
	Kulturwiderspruch					+	
Reaktion		No Response	Denial	Distance	Apology	Concession	
Konsequenzen	Behebungskosten					−	K1
	Reputation	−	−	−	+	+	K2
	Legitimität	−	−	−	+	+	
	Vor-monetäre Konsequenzen	−	−	−	+	+	
	Monetäre Konsequenzen				+	+	K3

Wirkung eines Antezedens auf die Unternehmensreaktion
−: Das Antezedens wirkt negativ auf den Einsatz der Reaktion bzw. nicht ausgeprägte Antezedens begünstigt den Einsatz der Reaktion.
+: Das Antezedens wirkt positiv auf den Einsatz der Reaktion.
Wirkung einer Unternehmensreaktion auf die Konsequenz
−: Bei Vorliegen aller Antezedenzien der Reaktionsstrategie wirkt die Reaktion negativ auf die Konsequenz bzw. bei Absenz aller Antezedenzien der Reaktionsstrategie wirkt die Reaktion nicht negativ auf die Konsequenz.
+: Bei Vorliegen aller Antezedenzien der Reaktionsstrategie wirkt die Reaktion nicht negativ auf die Konsequenz.

Abb. 5.3 Wirkung zwischen Antezedenzien, Reaktion und Konsequenzen

nehmensreaktion zu vermeiden ist, da die Reaktion zu negativen Konsequenzen führt (negatives Vorzeichen bei den Konsequenzen). Dies gilt dann, wenn alle Antezedenzien, die bei der No-Response-Strategie relevant sind (Request Urgency, Request Legitimacy, Stakeholder Power, Verantwortlichkeit, Absichtlichkeit und Fit), ausgeprägt sind. Bei der Apology-Strategie bedeutet ein positives Vorzeichen (+) bei einem Antezedens hingegen, dass bei Vorliegen des Antezedens die Unternehmensreaktion zu positiven Konsequenzen führt (positives Vorzeichen bei den Konsequenzen). Dabei gilt, dass die Apology-Reaktion bei Ausprägung aller relevanten Antezedenzien zu positiven Konsequenzen bzw. zur Vermeidung negativer Konsequenzen führt.

Auf dieser Logik aufbauend lassen sich die Strategien in zwei Gruppen zusammenfassen. Einerseits bilden die No-Response-, Denial- und Distance-Strategie die

Gruppe der „reaktiven Strategien". Diese sind dadurch charakterisiert, dass sie in einem Shitstorm, d. h. bei Ausprägung der in der jeweiligen Spalte der Reaktion angegebenen Antezedenzien, zu negativen Konsequenzen auf Reputation und Legitimität sowie zu negativen vor-monetären Konsequenzen führen. Auswirkungen auf die Reputation sind in jedem Fall gegeben, können aber in Abhängigkeit der Medienreichweite auf Teilgruppen der relevanten Stakeholder begrenzt sein. Darüber hinaus hängt die Intensität vor-monetärer Konsequenzen maßgeblich von der Übertragung des Shitstorms auf Offline-Medien, d. h. primär auf überregionale Zeitungen und Zeitschriften, ab. Eine Auswirkung auf monetäre Zielgrößen konnte bei den reaktiven Strategien nicht nachgewiesen werden. Darüber hinaus gilt, dass die drei Reaktionsstrategien ohne negative Konsequenzen gewählt werden können, sofern kein Shitstorm vorliegt, die Antezedenzien also nicht ausgeprägt sind. Andererseits bilden die Apology- und Concession-Strategie die Gruppe der „akkomodablen Strategien". Diese sind geeignet, negative Konsequenzen in einem Shitstorm – d. h. bei Ausprägung der jeweiligen Antezedenzien – zu vermeiden bzw. positive Effekte zu schaffen. Werden diese Strategien angewendet, wenn kein Shitstorm vorliegt, folgen keine negativen Konsequenzen.

Vorgehensweise bei der Reaktionswahl Die Reaktionswahl ergibt sich aus den Antezedenzien, sodass diese zunächst sorgfältig zu analysieren sind. Die Ausprägungsstärke der Antezedenzien ist anhand der in Kap. 4 aufgeführten Messkriterien zu beurteilen. Dabei müssen nicht zwingend alle Messkriterien vorliegen, um die Relevanz eines Antezedens zu bestätigen. Teilweise ist es nicht möglich, alle Messkriterien eines Antezedens zu bestätigen, da sich diese gegenseitig ausschließen. Bei der Beurteilung der Unzufriedenheit schließt beispielsweise das Vorliegen eines materiellen Schadens (z. B. Preisanhebung) einen entgangenen Vorteil (z. B. Gutschein wird nicht eingelöst) aus. Darüber hinaus müssen nicht alle Messkriterien vorliegen, um das Antezedens bestätigen zu können. Vielmehr ergibt sich die gesamthafte Beurteilung jedes Antezedens aus der Summe an beurteilbaren Messkriterien. Das heißt, ein stark ausgeprägtes Messkriterium kann in Kombination mit zwei schwach ausgeprägten Messkriterien das Vorliegen des Antezedens insgesamt bestätigen, auch wenn weitere Messkriterien der Liste nicht nachgewiesen werden können.

Bei der Wahl der Unternehmensreaktion ist – unter der Prämisse einer Vermeidung negativer Konsequenzen – so vorzugehen, dass zunächst das Vorliegen der Antezedenzien des ersten Rangs (A1) zu prüfen ist (vgl. Abb. 5.3). Sind diese mehrheitlich nicht oder nur schwach ausgeprägt, liegt kein Shitstorm vor. In der Konsequenz ist die Situation weiter zu beobachten, eine Reaktion im Sinne des Corporate Shitstorm Managements ist aber nicht erforderlich. Sind die Antezedenzien des ersten Rangs (A1) hingegen mehrheitlich ausgeprägt, liegt eine ernst zu nehmende Gefährdungsexposition vor. Sofern die Zielsetzung des Corporate Shitstorm Managements erreicht werden soll, sind die ersten drei Strategien zu vermeiden, da diese zu negativen Konsequenzen führen.

Über die Analyse der Faktoren des zweiten Rangs (A2) kann begründet werden, warum eine der Reaktionen zu einer gravierenden Eskalation der Situation führen kann. Die Situation eskaliert bei der No-Response-Reaktion insbesondere dann, wenn ein Fit gegeben ist, da Stakeholder eine Antwort erwarten und von dem Ausbleiben einer Reaktion enttäuscht sind. Eine Denial-Strategie hat insbesondere bei Vorliegen von Dialogbereitschaft seitens der Stakeholder eine negative Wirkung, da auf jegliche Form des Dialogs verzichtet wird, indem das Vorliegen eines Missstands bestritten wird. Die Distance-Strategie führt insbesondere bei Stabilität der Krisenursache zu negativen Konsequenzen, da durch eine Distanzierung vom Missstand ein erneutes Aufkommen des Missstands nicht ausgeschlossen werden kann.

Demgegenüber können bei einem Shitstorm sowohl eine Apology- als auch eine Concession-Strategie negative Konsequenzen vermeiden bzw. positive Effekte schaffen. Bei der Entscheidung zwischen den beiden Optionen sind die Antezedenzien des dritten Rangs (A3) zu analysieren. Die Apology-Reaktion wird insbesondere dann gewählt, wenn die Kosten der Behebung eines Missstands den potenziellen Schaden durch den Shitstorm übersteigen (vgl. Abb. 5.3, Schaden/Kosten-Relation negativ). Durch die Kommunikation einer Entschuldigung wird die Behebung vermieden, sodass eine psychologische Kompensation vorliegt, die beschwichtigend wirkt. Zudem kann die Apology-Reaktion genutzt werden, um Einschnitte der unternehmerischen Entscheidungsfreiheit zu vermeiden (Autonomiebedrohung). Beruht der von den Stakeholdern aufgegriffene Missstand auf einer strategischen Entscheidung, kann durch eine Entschuldigung Verständnis signalisiert werden, ohne den Missstand beheben zu müssen.

Für eine Concession-Strategie spricht, wenn der Schaden durch einen Shitstorm die Kosten einer Behebung übersteigt (vgl. Abb. 5.3, Schaden/Kosten-Relation positiv). Zudem trägt die Behebung eines Missstands insbesondere bei einem Verhalten entgegen unternehmerischen Wertevorstellungen (Kulturwiderspruch) dazu bei, Glaubwürdigkeit wiederherzustellen, was im Regelfall positiv wahrgenommen wird. Bei der Concession-Strategie ist hervorzuheben, dass eine negative Wirkung auf Behebungskosten vorliegt. Dies ist allerdings nicht mit einer kostspieligen Schadensregulierung gleichzusetzen. Vielmehr sind intelligente Lösungsansätze möglich, die auf eine Behebung des Kerns des Missstands ausgerichtet und gleichzeitig ökonomisch sinnvoll sind. Wird beispielsweise eine mangelnde Informationsweitergabe an Stakeholder kritisiert, kann dies durch eine transparente

Kommunikation behoben werden, die mit vergleichsweise geringem Aufwand erzielbar ist. Darüber hinaus spricht eine ausgeprägte Schaden/Kosten-Relation für eine Concession-Strategie, da durch die Schadensvermeidung teilweise Kosten der Behebung kompensiert werden können.

Schritt 4: Berücksichtigung von Stakeholder-Kultur und Entscheidungsmotivation

6

Bevor die im dritten Schritt ausgewählte Reaktion kommuniziert werden kann, muss berücksichtigt werden, dass die Wahl der Unternehmensreaktion durch zwei externe Faktoren beeinflusst wird: die Stakeholder-Kultur und die Entscheidungsmotivation. Dies kann zur Verstärkung oder Abschwächung der Effekte im Shitstorm führen, auch wenn eine sorgfältige Situationsanalyse stattgefunden hat.

Stakeholder-Kultur Die Stakeholder-Kultur basiert auf einer Beurteilung des Rufs eines Unternehmens durch relevante Stakeholder und umfasst, welchen Stellenwert die Ansprüche von Stakeholdern im Unternehmen haben. Es handelt sich somit um die „wahrgenommene Kultur" aus externer Perspektive. Einerseits können Unternehmensaktivitäten eher auf die Interessen von Shareholdern ausgerichtet sein (Shareholder-Orientierung), andererseits eher die Interessen von Stakeholdern wahren (Stakeholder-Orientierung).

Aus der wahrgenommenen Kultur leitet sich ab, welche Erwartungshaltung Stakeholder an die Reaktion haben. Ausgehend von der Grundorientierung eines Unternehmens erwarten Stakeholder im Shitstorm eine Reaktion, die mit der kulturellen Orientierung korrespondiert, und präferieren eine Reaktion am rechten Ende des Kontinuums. Veröffentlicht ein Unternehmen mit wahrgenommener Stakeholder-Orientierung eine reaktive Reaktion, wird die Erwartungshaltung unterschritten, was zu Enttäuschung führt, die sich in einer Intensivierung des Shitstorms äußert. Neben dem Unterschreiten der Erwartungshaltung ist es möglich, die Erwartungshaltung – in der Regel durch Concession-Strategie mit Behebung des Missstands – zu übertreffen, um negative Konsequenzen zu vermeiden und tendenziell positive Effekte zu schaffen. Dieser Effekt ist dann besonders stark, wenn dem Unternehmen eine Shareholder-Orientierung attestiert wird.

Zusätzlich ist die Reaktionswahl eines Unternehmens dadurch geprägt, wie ein Unternehmen hinsichtlich des Stellenwerts der Ansprüche von Stakeholdern wahr-

© Springer Fachmedien Wiesbaden 2015
F. Beham, *Corporate Shitstorm Management*, essentials,
DOI 10.1007/978-3-658-10495-5_6

genommen werden möchte. Es handelt sich somit um die „angestrebte Kultur" eines Unternehmens aus interner Perspektive. Will ein Unternehmen als Stakeholder-orientiert wahrgenommen werden, ist eine akkomodable Reaktion zu wählen. Darüber hinaus verändert sich die Sensibilität bei der Beurteilung der Messkriterien der Antezedenzien in Abhängigkeit der angestrebten Kultur. Eine angestrebte Stakeholder-Orientierung führt beispielsweise dazu, dass selbst bei vergleichsweise geringer Ausprägung der Antezedenzien – beispielsweise Request Urgency und Stakeholder Power (vgl. A1 in Abb. 5.3) – eine Reaktion im Sinne der Stakeholder erfolgt. Die Reaktion resultiert demnach nicht aus der Konfrontation im Shitstorm, sondern entsteht inhärent aus der Orientierung an Stakeholdern.

Im Rahmen der Optimierung des Set-up ist die Identifikation der angestrebten und der wahrgenommenen Stakeholder-Kultur elementar, um Klarheit darüber zu schaffen, welche Reaktionsstrategien im Shitstorm für ein Unternehmen in Frage kommen und inwiefern die Wahrnehmung der Reaktion bei den Stakeholdern beeinflusst ist.

Entscheidungsmotivation Wie in der Definition beschrieben, bezweckt das Corporate Shitstorm Management eine Vermeidung negativer Konsequenzen bzw. eine Schaffung positiver Effekte in einem Shitstorm. Jegliche anderweitige Motivation von Unternehmen wird im Grundverständnis bewusst ausgeblendet. Allerdings können Gründe vorliegen, die zu einer abweichenden Zielsetzung führen. Die Entscheidungsmotivation erklärt das Abweichen eines Unternehmens von der Reaktionsstrategie, welche die Stakeholder auf Grundlage der wahrgenommenen Kultur des Unternehmens erwarten. Es gibt drei Fälle, in denen die Reaktion eines Unternehmens unter den Erwartungen der Stakeholder liegen kann:

- den Test einer Reaktion,
- das Verfolgen von Unternehmensinteressen aus strategischen Gründen und
- eine Fehlentscheidung auf Grundlage einer falschen Beurteilung der Situation.

Gerade wenn sich Unternehmen nicht die notwendige Zeit für eine adäquate Situationsanalyse nehmen wollen oder die potenziellen Konsequenzen nicht kennen, kann dies zum Test einer Reaktion führen. Da durch das Corporate Shitstorm Management die Konsequenzen antizipiert werden können, ist ein Testen im Grundsatz hinfällig. Sollte doch eine Reaktion testweise veröffentlicht werden, ist zu berücksichtigen, dass insbesondere der Test einer reaktiven Strategie zu negativen Konsequenzen führen kann, sofern die Antezedenzien eines Shitstorms ausgeprägt sind. Meist setzt eine Negativspirale ein, bei der die Unzufriedenheit mit der Unternehmensreaktion zu weiterer Aufmerksamkeit und somit zu einer Verschärfung der Situation führt.

Liegen in einem Unternehmen strategische Gründe für die Durchsetzung einer Entscheidung vor, die zu einem Missstand für Stakeholder führt, kann bei Empfehlung einer Concession-Reaktion in Richtung reaktiver Strategie abgewichen werden, um die Behebung des Missstands zu vermeiden. In diesem Fall besteht das Kernziel des Corporate Shitstorm Managements nicht in der Vermeidung von Konsequenzen, sondern im Schutz einer strategischen Entscheidung. In Anbetracht des teils gravierenden Ausmaßes und der großen Reichweite von Shitstorms ist in jedem Fall die Durchsetzung strategischer Interessen mit dem Eskalationspotenzial des Shitstorms abzuwägen. Daneben kann durch die Wahl einer Apology-Reaktion die Behebung des Missstands vermieden und dennoch eine akkomodable Strategie genutzt werden.

Die Konsequenzen hängen, wie in Schritt 3 aufgezeigt, maßgeblich von der kommunizierten Unternehmensreaktion ab. Nachlässigkeiten bei der Analyse der Situation können dazu führen, dass sich eine vermeintlich geeignete Auswahl als nicht adäquate Reaktion herausstellt und die Erwartungshaltung unterschreitet. Eine Fehlentscheidung kann bestmöglich vermieden werden, indem auf Grundlage einer intensiven Situationsanalyse eine Reaktion im Corporate Shitstorm Management ausgewählt wird.

In einem vierten Fall kann eine über den Erwartungen liegende Reaktionsstrategie daraus resultieren, dass ein Unternehmen die Erwartungen der Stakeholder übertreffen möchte. Dies korreliert meist mit dem Vorliegen einer gelebten Stakeholder-Kultur. Das Überschreiten der erwarteten Reaktion, was meist mit der Wahl einer Concession-Strategie einhergeht, führt zur Vermeidung negativer Konsequenzen, kann jedoch Behebungskosten nach sich ziehen.

Schritt 5: Kommunikation der Unternehmensreaktion

7

Wie in Abb. 7.1 aufgeführt, gibt es fünf Reaktionscharakteristika, mit denen die Kommunikation der Unternehmensreaktion beschrieben werden kann. Die Umsetzungshinweise umfassen alle Reaktionscharakteristika und beziehen sich auf die Art und Weise der Formulierung (Tonalität), den Absender der Kommunikation (Responder-Hierarchie), den Zeitpunkt der Unternehmensreaktion (Reaktionszeit und -rang) und die Sichtbarkeit der Reaktion (Visibilität). Diese Faktoren haben einen Einfluss darauf, wie die Unternehmensreaktion von den Stakeholdern wahrgenommen wird.

Tonalität Die Tonalität, d. h. die Formulierung der Reaktion, hat eine herausragende Bedeutung, da diese die emotionale Wahrnehmung der Reaktion beeinflusst. An Pressetexte erinnernde Formulierungen sind zu vermeiden, da diese zu einer negativen Wahrnehmung führen, unabhängig vom Inhalt. Ein nicht an das Social Web angepasster Ton wird von Stakeholdern mit einem fehlenden Verständnis für ihre Bedürfnisse assoziiert. Stattdessen ist eine Social-Media-spezifische Tonalität zu wählen, da diese als professionell wahrgenommen wird und mit einer sympathischen und v. a. authentischen Wahrnehmung einhergeht. Eine Tonalität, die einem Pressemeldungsformat entspricht, ist allerdings dann angemessen, wenn die Unternehmensreaktion als Pressemeldung und nicht als Posting im Social Web veröffentlicht wird.

Responder-Hierarchie Die Responder-Hierarchie bezeichnet den Absender einer Reaktion im Shitstorm. Damit kann das Unternehmen als Ganzes gemeint sein, die Geschäftsführung bzw. die erste Führungsebene oder ein Mitarbeiter – bzw. der Verzicht auf einen Absender. Wird im Shitstorm der Absender analog zur sonstigen Kommunikation im Social Web gewählt, resultiert daraus im Grundsatz keine negative Beeinflussung. Vom Regelfall kann insbesondere dann hierarchisch

© Springer Fachmedien Wiesbaden 2015
F. Beham, *Corporate Shitstorm Management*, essentials,
DOI 10.1007/978-3-658-10495-5_7

Reaktionscharakteristika	Definition
Tonalität	Einer Unternehmensreaktion zugrunde gelegte rhetorische Qualität der Ausdrucksweise (z.B. Einsatz von Textbausteinen, situationsadäquate Antwort)
Responder-Hierarchie	Unternehmensinterne Hierachiestufe des Absenders der Unternehmensreaktion in einem Shitstorm (z.B. Geschäftsführung, erste Führungsebene, Unternehmen, Mitarbeiter, Abteilung, ohne Absender)
Reaktionszeit	Zeitdauer zwischen der initialen öffentlichen Äußerung eines Missstands im Shitstorm und der Veröffentlichung der Unternehmensreaktion
Reaktionsrang	Position einer Reaktion in einem Shitstorm in Relation zu allfälligen weiteren Reaktionen
Visibilität	Wahrnehmbarkeit der Unternehmensreaktion durch Stakeholder

Abb. 7.1 Definition der Reaktionscharakteristika

nach oben abgewichen werden, wenn dem Shitstorm eine besondere Bedeutung entgegengebracht werden soll bzw. eine definierte Eskalationsstufe überschritten ist. Ein derartiges Abweichen ist jedoch sorgfältig zu prüfen, da durch eine zu hohe Responder-Hierarchie dem Missstand unnötig Aufmerksamkeit entgegengebracht wird. Einen Sonderfall stellt die direkte Ansprache von Einzelpersonen im Shitstorm dar, insbesondere in Zusammenhang mit einer persönlichen Verfehlung. In diesem Fall wird eine Antwort durch die oder den Betroffenen erwartet. Eine persönliche Antwort wirkt auch dann positiv, wenn glaubhaft auf spezifische Probleme eingegangen werden soll – bspw. bei technischen Problemen durch den technischen Leiter. Gesamthaft ist die Wahl der Responder-Hierarchie situationsbedingt und dabei verantwortungs- und kompetenzgerecht zu treffen.

Reaktionszeit Von der Reaktionszeit hängt ab, wie stark und nachhaltig die Situation eskaliert. Sie setzt sich aus den zwei Komponenten „Entdeckungszeit" und „Beantwortungsdauer" zusammen, die additiv in die Beurteilung der gesamten Reaktionszeit eingehen. Diese sollte so kurz wie möglich, aber so lange wie nötig sein. Das heißt, eine verzögerte, aber gut durchdachte Reaktion ist besser als eine unangemessene Reaktion unter Zeitdruck, da dies zu einem mangelnden Verständnis der Situation führen kann. Darüber hinaus wirkt ein entschlossenes Handeln positiv auf die Wahrnehmung und kann insbesondere die positiven Effekte einer Stakeholder-Orientierung mit Concession-Strategie verstärken. Im umgekehrten Fall, bei einer positiven Wendung im Shitstorm, kann eine abschließende Reaktion bewusst hinausgezögert werden, um von den positiven Effekten zu profitieren.

Reaktionsrang Beim Reaktionsrang, d. h. der Abfolge mehrerer Reaktionen im Zeitverlauf, sind Stakeholder- und Unternehmensperspektive zu unterscheiden. Einerseits ist es aus Perspektive der Stakeholder wichtig, dass sich aus den Konsequenzen einer Reaktion die Antezedenzien einer nachfolgenden Reaktion ergeben. Im Falle einer negativen Wahrnehmung kann sich die Situation verschärfen, sodass

Stakeholder geneigt sind, weiteren Druck durch Ausspielen der Stakeholder Power aufzubauen. Bei wiederholt unangemessenen Reaktionen kann sich der Druck i. S. e. Negativspirale mit steigender Erwartungshaltung weiter verschärfen. Dabei ist insbesondere eine mediale Verbreitung über das Social Web hinaus gefährlich. Eine positive Wahrnehmung äußert sich hingegen durch Zufriedenheit mit der Reaktion, sodass keine weitere Eskalation der Situation erfolgt.

Für Unternehmen ergibt sich hieraus, dass Apology oder Concession als erste Reaktion zu einer frühzeitigen Beruhigung der Situation führen können. Bei der frühen Wahl einer Apology-Strategie kann die Behebung eines Missstands verhindert werden. Allerdings ist zu berücksichtigen, dass die Umsetzung einer Reaktion durch Barrieren (temporär) verhindert sein kann, beispielsweise, wenn sich öffentlich zugängliche Daten im Internet nur mit Verzug löschen lassen. In diesem Fall ist auf den (technisch bedingten) Verzug in der Kommunikation hinzuweisen, wobei Informationen über die Umsetzung angekündigter Maßnahmen so bald wie möglich nachträglich zu publizieren sind.

Visibilität Die Visibilität bezeichnet die Sichtbarkeit der Reaktion aus Perspektive der Stakeholder. Dahinter steht die Frage, über welche Kanäle und in welcher Form (u. a. Posting, Kommentar) die Unternehmensreaktion veröffentlicht werden soll. Im Regelfall orientiert sich die Kanalwahl eines Unternehmens an den Kanälen, auf denen der Shitstorm ausgetragen wird. Somit werden diejenigen Stakeholder erreicht, die von dem Shitstorm Kenntnis erlangen konnten. Im Umkehrschluss wird vermieden, dass unbeteiligte Stakeholder, die keine Kenntnis über den Shitstorm haben, von dem kritisierten Missstand erfahren. Dabei sind sowohl alle Online- als auch alle Offline-Medien zu berücksichtigen. Bei einer akkomodablen Reaktion eines Unternehmens kann die Kommunikation hingegen auf zusätzliche Kanäle erweitert werden, um den positiven Umgang breit öffentlich zu machen.

Die Reaktion ist als Posting zu veröffentlichen, um eine – meist zeitaufwändige – Beschäftigung mit Einzeldiskussionen zu vermeiden und den Unternehmensstandpunkt nachvollziehbar zu kommunizieren. Hierdurch wird zudem der Presse die Informationsaufbereitung erleichtert, um zu vermeiden, dass die Berichterstattung nicht die tatsächlichen Intentionen des Unternehmens wiedergibt. In aller Regel steigt die Presse nicht auf Kommentarebene ein, um Positionen herauszuarbeiten bzw. Argumente gegeneinander abzugleichen, sondern folgt den augenscheinlichen Argumenten. Um die Sichtbarkeit weiter zu erhöhen, besteht die Möglichkeit, die Reaktion dauerhaft – bspw. als Pop-up bei jedem Seitenaufruf – zu veröffentlichen. Somit wird vermieden, dass der Beitrag eines Unternehmens von neu eingestellten Beiträgen der Stakeholder in der Timeline nach unten geschoben wird, also mit zunehmendem Zeitverlauf weniger sichtbar wird.

Auch wenn eine Veröffentlichung der Reaktion in Kommentaren (z. B. bei Facebook) als bewusstes Zeichen einer Stakeholder-Orientierung gewählt werden kann, ist dies nur als zusätzlicher Kommunikationsweg zu empfehlen. Dies ist in dem Risiko begründet, dass die geäußerte Reaktion unabhängig vom Inhalt als „No Response" wahrgenommen wird, da Kommentare bei der Durchsicht des Kommunikationsverlaufes nicht auf erster Ebene ersichtlich sind. Diese Reaktionsverschiebung ist deshalb problematisch, da die No-Response-Strategie im Shitstorm negative Konsequenzen zur Folge hat.

Schritt 6: Überwachung der Konsequenzen

Die Überwachung der Konsequenzen hat zum Ziel, bei einer Abweichung zwischen dem tatsächlichen und dem angestrebten Ergebnis ggf. Korrekturen vorzunehmen, indem eine weitere Unternehmensreaktion erfolgt. Analog zur Darstellungsweise bei den Antezedenzien sind in Abb. 8.1 die zugrunde gelegten Definitionen der Konsequenzen sowie geeignete Messkriterien zur Bewertung aufgelistet. Dabei werden pro Konsequenz die einzelnen Facetten aufgezeigt. Es müssen nicht zwingend alle Kriterien vorliegen, d. h., negative vor-monetäre Konsequenzen können sich durch eine Verschärfung der Stakeholder-Aktivitäten äußern, ohne dass die übrigen Kriterien erfüllt sein müssen. Insofern ergibt sich die gesamthafte Beurteilung der Ausprägung einer Konsequenz aus den aufsummierten Bewertungen der jeweils beurteilbaren Messkriterien.

Die in eckigen Klammern aufgeführte mögliche Ausprägungsstärke gibt an, wann die Konsequenzen mit Blick auf die Wahrnehmung der Reaktion positiv oder negativ sind. Dies ist wie folgt zu verstehen: [Konsequenz positiv – Konsequenz negativ] bzw. [Konsequenz tendenziell positiv – Konsequenz tendenziell negativ]. Falls die Konsequenzen nicht den Erwartungen entsprechen, muss die Situationsanalyse erneut durchgeführt werden, um eine Reaktion herzuleiten. Bei Folgereaktionen sind unbedingt die Hinweise zum Reaktionsrang zu berücksichtigen.

Darüber hinaus gibt es weitere Maßnahmen nach erfolgter Reaktion. Spätestens kurz nach erfolgter Reaktion sind die Mitarbeiter intern (v. a. im Call Center) über den Vorfall sowie über die Reaktion und die Haltung des Unternehmens zu informieren. Dies ermöglicht eine Vorbereitung auf kritische Rückfragen und eine schlagfertige, wahrheitsgemäße Beantwortung. Darüber hinaus empfiehlt sich – bei Akzeptanz der Reaktion durch die Stakeholder – eine Interaktion mit Pressevertretern, um das Vorgehen zu erläutern. Somit kann die Diskrepanz zwischen Berichterstattung und Intention des Unternehmens reduziert werden. Dies ist ein wichtiger Schritt, da die Meinungsbildung am Shitstorm Beteiligter zwar primär

© Springer Fachmedien Wiesbaden 2015
F. Beham, *Corporate Shitstorm Management,* essentials,
DOI 10.1007/978-3-658-10495-5_8

Konsequenz	Definition	Kriterien zur Messung [Ausprägung]
Reputation	Kollektive Beurteilung relevanter Stakeholder hinsichtlich der Fähigkeit eines Unternehmens, über einen langfristigen Zeitraum hinweg angestrebte Ergebnisse zu liefern	– Reputation [Anstieg/Verlust] – Sympathie [Zugewinn/Verlust] – Authentizität [Zugewinn/Verlust] – Markenwahrnehmung bzw. Image [positiv/negativ]

Legitimität	Kollektive Beurteilung relevanter Stakeholder hinsichtlich der Übereinstimmung des Verhaltens eines Unternehmens mit gesellschaftlichen Erwartungen, Normen und Werten	– ÛLicense to OperateÊ [Sicherung/Verlust]
		– Beurteilung des Verhaltens des Unternehmens
		  – Wahrnehmung der Reaktion als gesellschaftskonformes Verhalten [ja/nein]
		  – Stakeholder-Einschätzung als vorbildliches Verhalten des Unternehmens [ja/nein]
		  – Verständnis für Unternehmenshandlung [ja/nein]
		– Glaubwürdigkeit des Unternehmens [Zugewinn/Verlust]
		– Vertrauen gegenüber Unternehmen [Zugewinn/Verlust]
		– Akzeptanz der Reaktion
		  – Tonalität der Facebook-Kommentare [unkritisch/kritisch]
		  – Likes der Unternehmensreaktion [wenige - viele]

Vor-monetäre Konsequenzen	Non-monetäre Faktoren, die von einem Shitstorm beeinflusst werden und mittel- bis langfristig zu monetären Konsequenzen führen können	– Konsumverhalten/-absicht [stabil - geschwächt]
		– (Un-)Zufriedenheit bei Stakeholdern [ja/nein]
		– Androhung von Kündigungen [wenige - viele]
		– Entwicklung der Fan-Anzahl [Zunahme/Rückgang]
		– Volumen und Tonalität der Resonanz
		  – Negativität der Berichterstattung [nein/ja]
		  – Anzahl weiterer Beschwerden [gering - hoch]
		– Verschärfung der Stakeholder-Aktivitäten [nein/ja]
		– Erhöhung des Wettbewerbsdrucks [nein/ja]
		– Aufmerksamkeit der Stakeholder [gering - hoch]

Monetäre Konsequenzen	Finanziell messbare Zielvariablen eines Unternehmens, die durch einen Shitstorm beeinflusst werden können	– Neu-/Bestandskundenentwicklung (z.B. Kündigungen) [stabil - rückläufig] – Markenwert [stabil - rückläufig] – Umsatz [steigend - fallend] – Absatzzahlen [steigend - fallend]
Behebungskosten	Einem Shitstorm direkt zurechenbare Kosten, die im Rahmen der Behebung eines Missstands anfallen können	– Organisatorischer Aufwand [gering µ hoch] – Erstattung [keine - hoch] – Produktrückruf/-vernichtung [nein/ja] – Schulungskosten [nein/ja] – Abstimmungskosten [nein/ja] – Kommunikationsaufwand [gering - hoch] – Programmieraufwand [gering - hoch] – Aufwand zur Anpassung des Code of Conduct [gering - hoch]

Abb. 8.1 Definition und Messung der Konsequenzen

über Social-Media-Kanäle erfolgt, unbeteiligte Dritte sich jedoch an der Berichterstattung orientieren, die ggf. „gefärbt" bzw. von subjektiven Zielen der Presse geprägt sein kann. Zudem führt die mediale Verbreitung dazu, dass die beteiligten Stakeholder über die Reaktion des Unternehmens informiert und positive Effekte bei Unbeteiligten möglich sind, die über die Presse vom ggf. positiven Umgang mit den Ansprüchen von Stakeholdern erfahren.

Darüber hinaus ist ein Monitoring sinnvoll, also eine Prüfung der Konsequenzen aus der Reaktion. Somit kann die Erfolgswirksamkeit analysiert und festgestellt werden, ob der gewünschte Effekt – was meist einer Beruhigung entspricht – auch eingetreten ist. Indikatoren hierfür sind bspw. der relative Anteil positiver Beiträge in der Folgekommunikation auf Social-Media-Kanälen. Dieser ist zu ermitteln, indem aus allen Beiträgen des Shitstorms die relevanten – mit Bezug zum Shitstorm – selektiert werden und deren Tonalität – d. h. positiv und negativ – beurteilt wird. Neutrale Beiträge, die keine inhaltlich-wertende Position zum Fall beziehen, werden nicht berücksichtigt, sollten aber prozentual erfasst werden. Der relative Anteil ergibt sich aus der Berechnung des Verhältnisses der positiven Beiträge, welche die Position des Unternehmens stützen und der Reaktion Verständnis entgegenbringen, zu den negativen Beiträgen, welche die Reaktion ablehnen und kein Verständnis für das Verhalten des Unternehmens zeigen. Ein substanzieller Wert über 40 % deutet darauf hin, dass die Reaktion akzeptiert und als legitim wahrgenommen wird. Zudem gibt eine Analyse des Tenors der Presseberichterstattung Aufschluss darüber, ob ein Shitstorm medial an Bedeutung verliert.

Was Sie aus diesem Essential mitnehmen können

- Sie begreifen, warum ein genaues Verständnis der Ausgangslage notwendig ist, um eine geeignete Reaktionsstrategie im Shitstorm auszuwählen.
- Sie kennen 12 Strukturparameter, anhand derer die Ausgangslage beurteilt werden kann, und nutzen diese zur Beurteilung der Gefährdungsexposition.
- Sie verstehen die Zusammenhänge zwischen der Ausgangslage in einem Shitstorm, der Reaktion und den daraus resultierenden Konsequenzen.
- Sie berücksichtigen Faktoren, welche die Wahrnehmung Ihrer Reaktion beeinflussen, und kommunizieren zielgerichtet.
- Sie verbessern Ihr Risikomanagementsystem und Ihr Kommunikationskonzept mit Blick auf Konfrontationen im Social Web.

© Springer Fachmedien Wiesbaden 2015
F. Beham, *Corporate Shitstorm Management*, essentials,
DOI 10.1007/978-3-658-10495-5

Literatur

Beham F (2014) Corporate Shitstorm Management: Anforderungen & Fallstricke. In: Kinter A, Ott U (Hrsg) Risikofaktor Social Web: Reputationsrisiken und -chancen managen. Köln

Beham F (2015) Eine fallstudienbasierte Untersuchung unternehmensseitiger Reaktionsstrategien am Beispiel von Shitstorms. Hamburg

Coombs WT, Holladay SJ (1996) Communication and attributions in a crisis: an experimental study in crisis communication. J Public Relat Res 8(4):279–295

Duden Online (2015) der Shitstorm. http://www.duden.de/rechtschreibung/Shitstorm. Zugegriffen: 3. Mai 2015

Freeman RE (1984) Strategic management: a stakeholder approach. Boston

Jaques T (2009a) Issue and crisis management: quicksand in the definitional landscape. Public Relat Rev 35(3):280–286

King BG, Soule SA (2007) Social movements as extra-institutional entrepreneurs: the effect of protests on stock price returns. Adm Sci Q 52(3):413–442

Kolb S (2015) NGO Relationship Management: Ein Multiple-Case-Study-Ansatz zur Analyse des Erfolgsbeitrags unter besonderer Berücksichtigung von Unternehmen mit divergierender Gefährdungsexposition für NGO-Konfrontationen. Hamburg

Patriotta G, Gond J-P, Schultz F (2011) Maintaining legitimacy: controversies, orders of worth, and public justifications. J Manage Stud 48(8):1804–1836

Sarkis J, Gonzalez-Torre P, Adenso-Diaz B (2010) Stakeholder pressure and the adoption of environmental practices: the mediating effect of training. J Oper Manage 28(2):163–176

Schultz F, Utz S, Göritz A (2011) Is the medium the message? Perceptions of and reactions to crisis communication via Twitter, blogs and traditional media. Public Relat Rev 37(1):20–27

© Springer Fachmedien Wiesbaden 2015
F. Beham, *Corporate Shitstorm Management*, essentials,
DOI 10.1007/978-3-658-10495-5